17
죽음의 편지를 들고 간 벨레로폰

주니어RHK

신화의 가치

신화는 한 민족의 기원이나 역사적 · 종교적 · 문화적 삶의 모습을 보여 주는 옛이야기입니다. 주로 신과 영웅에 관한 이야기가 많고, 오랫동안 입에서 입으로 전해 내려왔다는 특징이 있지요.

우리가 살펴볼 그리스 로마 신화는 고대 그리스와 로마에 전해 오는 신화와 전설을 한데 묶은 것입니다. 그리스 로마 신화는 고대의 삶을 엿보게 해 주는 문화유산일 뿐만 아니라, 세계 여러 나라의 문학과 미술에 큰 영향을 끼쳤습니다. 하지만 문화적 가치만큼이나 중요한 것이 또 있습니다. 오래된 옛이야기이면서도 거기에 담긴 교훈적 가치가 오늘날에도 여전히 쓸모 있고 중요하다는 사실입니다.

놀랍지 않나요? 수천 년 전의 이야기가 어떻게 과학 문명이 고도로 발달한 오늘날에도 통하는 것일까요? 그것은 바로 그리스 로마 신화에 나오는 신과 영웅의 모습이 오늘날 우리의 모습과 다르지 않기 때문입니다. 신들도 우리처럼 분노하고, 질투하고, 실수를 하지요. 그런 모습을 보면서 우리는 깔깔 웃거나 눈물을 흘리고, 교훈과 감동을 얻습니다. 우리가 그리스 로마 신화를 읽어야 하는 까닭이 바로 이것입니다.

신화의 세계로 떠날 여러분에게 한마디 덧붙이자면, 신화는 우리에게 끝없는 상상력을 요구한다는 점입니다. 신화 속에는 수많은 은유와 상징이 곳곳에 널려 있지요. 따라서 신화를 읽을 때에는 상상력을 최대한 발휘하여 신화 속에 숨겨진 의미를 찾고, 그것을 자기 나름대로 재해석하는 과정이 필요합니다. 이렇게 읽었을 때에야 비로소 여러분 앞에 놀라운 삶의 이야기가 펼쳐질 것입니다.

자, 그럼 흥미진진한 신화의 세계 속으로 함께 떠나 볼까요?

벨레로폰은 용감하면서도
여인의 유혹을 이길 줄 아는 영웅입니다.
하지만 그에게 거절 당한 티린스의 왕비와 그를 질투한 왕은
벨레로폰을 죽이라는 편지를 써서 리키아의 왕에게 보냅니다.
자기를 죽이라는 편지를 들고 가는 벨레로폰.
과연 벨레로폰은 살아남을 수 있을까요?

주요 등장인물

안테이아 왕비

티린스의 왕비로 교활하고 자존심이 세요. 벨레로폰을 유혹하는 데 실패하자 음모를 꾸며요.

프로이토스 왕

티린스의 왕으로 남의 말에 잘 속고 질투심이 강해요. 안테이아의 거짓말에 넘어가 벨레로폰을 죽이라는 편지를 써요.

아테나

제우스의 딸로 전쟁과 지혜의 여신이에요. 벨레로폰이 용기와 지혜를 달라고 빌자, 그를 도와주어요.

이오바테스 왕

리키아 왕국의 왕이에요. 벨레로폰에게 괴물 키마이라를 죽여 달라고 부탁해요.

벨레로폰

프로메테우스의 후손이에요. 여러 괴물을 물리친 영웅이며, 여인의 유혹도 잘 이기지만 자만심이 강해요.

페가수스

하늘을 나는 말이에요. 페이레네 샘에 살며, 오직 뛰어난 영웅만이 길들일 수 있어요.

1
젊은 영웅 벨레로폰

"오, 정말 멋진 청년이구나!"

안테이아 왕비는 벨레로폰이 마음에 쏙 들었습니다.

벨레로폰은 코린토스의 왕 글라우코스의 아들입니다. 본디 이름은 '히포노오스'로 용감하고 씩씩한 젊은이였지요. 그런데 그만 실수로 쏜 화살이 벨레로스라는 사람을 죽이고 말았어요. 사람들은 그 뒤부터 히포노오스를 벨레로폰이라고 불렀습니다. '벨레로스를 죽인 자'라는 뜻이지요.

벨레로폰은 그 벌로 아버지의 나라에서 쫓겨났습니다.

'다시는 고향으로 돌아갈 수 없다니…….'

벨레로폰은 슬픈 마음으로 여러 나라를 이곳저곳 떠돌았습니다. 그러다 그리스 남쪽의 펠로폰네소스 *반도에 있는 티린스 왕국으로 가게 되었습니다.

*반도 삼면이 바다로 둘러싸이고 한 면은 육지에 이어진 땅. 대륙에서 바다 쪽으로 좁다랗게 돌출한 육지를 말한다.

티린스의 왕 프로이토스는 벨레로폰을 너그럽게 받아 주었습니다.

“자네는 코린토스의 왕자 아닌가. 비록 죄를 지었지만 자네가 일부러 그런 것이 아니라는 건 알고 있네. 이곳에서 마음 편히 지내게.”

프로이토스 왕은 벨레로폰을 귀한 손님으로 대접했습니다. 그 대접에 벨레로폰은 마음 깊숙이 고마움을 느꼈습니다.

그 뒤 벨레로폰은 티린스 왕국에 머물며 평온한 하루하루를 보냈습니다. 말을 타고 들판을 달리기도 하고, 칼과 창을 쓰는 연습을 하기도 했습니다.

그 모습을 본 사람들은 젊고 잘생긴 벨레로폰에게 반했습니다.

"정말 늠름하고 멋진 청년이야!"

벨레로폰은 그런 시선에 신경 쓰지 않고 혼자만의 시간을 보냈습니다.

벨레로폰에게는 꿈이 한 가지 있었습니다. 어린 시절부터 말타기를 좋아해서 전설의 말 페가수스를 꼭 한 번 타 보고 싶었던 것입니다.

"아, 페가수스를 탈 수 있다면 얼마나 좋을까."

페가수스는 멋진 날개로 하늘을 마음껏 날아다니는 '*천상의 말'입니다. 하지만 페가수스는 아무나 다룰 수 있는 말이 아니었습니다. 오직 뛰어난 영웅만이 길들일 수 있다는 소문만 전해져 내려왔습니다.

벨레로폰은 페가수스를 생각하며 숲을 거닐곤 했습니다.

***천상** 하늘 위.

신기한 말 페가수스

〈페가수스〉 오딜롱 르동

모든 사람이 한 번쯤 타 보기를 꿈꾸었던 신기한 말 페가수스는 어떻게 생겼을까요? 화가가 그린 환상적인 분위기의 페가수스를 보세요. 멋진 날개를 보니 페가수스의 신비로움이 더욱 느껴져요.

그때 벨레로폰을 멀리서 지켜보는 이가 있었습니다. 바로 티린스의 왕비 안테이아였습니다.

"오, 정말 멋진 청년이구나!"

안테이아 왕비는 벨레로폰이 마음에 쏙 들었습니다. *건장한 체격, 잘생긴 얼굴, *생생한 젊음까지 벨레로폰이 가진 매력에 푹 빠지고 말았습니다.

안테이아 왕비는 왕과 함께 식사를 할 때에도, 여러 젊은 영웅들을 초대해 이야기를 나눌 때에도 벨레로폰을 칭찬했습니다.

"당신처럼 멋진 영웅이라면 어떤 괴물도 다 물리칠 수 있을 거예요."

안테이아 왕비는 벨레로폰을 뜨거운 눈길로 바라보았습니다.

벨레로폰은 그 눈길을 피하려 애썼지만 안테이아 왕비의 관심은 사그라지지 않았습니다.

프로이토스 왕도 어렴풋이 왕비의 눈길이 *예사롭지 않다는 것을 알아차렸습니다. 벨레로폰에게 질투심이 솟아났지만 어찌할 수 없었습니다.

*건장한 몸이 튼튼하고 기운이 센.
*생생한 힘이나 기운 따위가 왕성한.
*예사롭지 않다 늘 가지는 태도와 다르다.

안테이아 왕비는 벨레로폰을 더욱 가까이 두고 싶었습니다. 그래서 늠름한 벨레로폰에게 말을 선물하기도 하며, 지나친 친절을 베풀었습니다.

결국 안테이아 왕비는 기회를 엿보다가 벨레로폰의 방에 숨어들었습니다.

"누구냐!"

몸을 드러낸 안테이아 왕비가 벨레로폰의 허리를 껴안았습니다.

"벨레로폰, 당신을 기다렸어요."

벨레로폰은 깜짝 놀라 한 걸음 뒤로 물러났습니다.

"왕비님, 왜 이러십니까!"

벨레로폰은 떠돌이 신세였던 자기를 맞아 준 프로이토스 왕의 얼굴이 떠올랐습니다.

"제게 은혜를 베풀어 준 왕을 배신할 수 없습니다!"

벨레로폰은 안테이아 왕비를 뿌리치고 밖으로 나가 버렸습니다.

안테이아 왕비는 벨레로폰에게 거절 당하자 부끄러워 얼굴이 빨개졌습니다.

"감히 나에게 이런 모욕을 주다니!"

왕비는 화가 치밀었습니다. 게다가 벨레로폰이 프로이토스 왕에게 자기가 한 일을 말할까 봐 걱정도 되었습니다.

"어디 두고 보자, 곧 후회할 것이다!"

왕비는 벨레로폰을 혼내 주기로 마음먹었습니다.

2
안테이아 왕비의 음모

안테이아 왕비가 눈물을 흘리며 말했습니다.

"흑흑흑, 어떻게 이런 일이……. 차라리 저를 벌해 주세요."

왕은 뭔가 좋지 않은 일이 생겼다는 생각에 걱정이 되었습니다.

안테이아 왕비는 몰래 *계략을 꾸몄습니다. 왕비는 바로 프로이토스 왕을 찾아가 슬피 울었습니다.

"아니, 안테이아, 왜 우는 게요?"

왕의 물음에 안테이아 왕비가 눈물을 흘리며 말했습니다.

"흑흑흑, 어떻게 이런 일이……. 차라리 저를 벌해 주세요."

왕은 뭔가 좋지 않은 일이 생겼다는 생각에 걱정이 되었습니다. 왕비를 다그쳐 무슨 일인지 물었습니다.

"지금까지 벨레로폰이 손님이라 잘해 주려고 했어요. 그런데 저를 탐내고 덤빌 줄이야……. 흑흑."

안테이아 왕비는 사실과는 반대로 벨레로폰이 자기를 꾀어내려 했다고 말했습니다. 프로이토스 왕은 아무것도 모르고 그 말에 홀딱 속아 넘어갔습니다.

"이런, 은혜도 모르는 놈 같으니!"

*계략 어떤 일을 이루기 위한 꾀나 수단.

프로이토스 왕은 분을 삭이지 못했습니다.

"훌륭한 젊은이라고 귀하게 대접해 주었더니, 감히 왕비를 *모욕해? 괘씸한 녀석 같으니라고!"

왕은 당장이라도 벨레로폰을 혼내 주고 싶었지만, 선뜻 그렇게 하기는 어려웠습니다. 벨레로폰은 왕이 받아들인 손님이었고, 자기 왕국에 온 손님을 *해코지할 수는 없었기 때문입니다.

*모욕 깔보고 욕되게 함.
*해코지 남을 해치고자 하는 짓.

“이 자를 어찌하면 좋을까? 그냥 내버려 둘 수도 없고, 벌을 줄 수도 없으니…….”

프로이토스 왕은 고민하고, 또 고민했습니다.

안테이아 왕비는 왕이 고민하는 것을 보고 이렇게 말했습니다.

“제게 좋은 생각이 있어요.”

안테이아 왕비가 왕에게 귓속말을 하자, 프로이토스 왕은 무릎을 쳤습니다.

“오, 그런 방법이 있었군!”

며칠 뒤, 프로이토스 왕은 벨레로폰을 불렀습니다.

벨레로폰은 앞으로 무슨 일이 벌어질지 꿈에도 생각하지 못 한 채 왕의 앞으로 나아갔습니다.

"벨레로폰, 그대에게 꼭 하고픈 부탁이 있네."

"무슨 일입니까? 제가 할 수 있는 일이라면 무엇이든 *기꺼이 하겠습니다."

벨레로폰은 진지하게 대답했습니다.

프로이토스 왕은 단단하게 봉한 편지 한 통을 내밀었습니다.

*기꺼이 마음속으로 은근히 기쁘게.

"이 편지를 내 *장인이신 리키아의 왕에게 전해 주게. 중요한 편지이니 꼭 자네가 왕에게 직접 전해야 하네."

"예, 알겠습니다."

벨레로폰은 편지를 받아 들어 품에 넣었습니다. 자신을 받아 준 프로이토스 왕을 위해서라면 그 정도의 부탁은 기꺼이 들어줄 수 있다고 생각했습니다.

*장인 아내의 아버지를 이르는 말.

리키아 왕국은 바다 건너에 있었습니다. 벨레로폰은 길을 떠날 채비를 했습니다.

'갈 길이 멀군. 서둘러야겠어.'

벨레로폰은 왕의 편지를 품 안 깊숙이 넣었습니다. 그러고는 혹시라도 잃어버리지 않게 끈으로 단단히 동여맸지요.

마침내 바닷가에 도착한 벨레로폰은 배를 타고 파도를 가르며 리키아 왕국으로 향했습니다.

3
죽음의 편지

"전하, 티린스의 왕이 보낸 편지를 가져왔습니다."

이오바테스 왕은 벨레로폰이 내민 편지를 받아 들었습니다.

'아니, 이럴 수가!'

편지를 읽은 왕은 깜짝 놀랐습니다.

벨레로폰은 거친 파도와 싸우며 바다를 건넜습니다. 그렇게 며칠이 지나자, 드디어 리키아 왕국에 도착했습니다.

리키아의 왕 이오바테스는 사위의 나라에서 온 손님을 반가이 맞았습니다.

"먼 길 오느라 고생이 많았네. 여기를 자네 집이라 생각하고 우선 편히 쉬게."

왕은 벨레로폰에게 포근한 잠자리와 맛있는 음식을 마련해 주었습니다. 벨레로폰은 이오바테스 왕과 이야기를 나누며 편히 쉬었습니다.

이오바테스 왕이 물었습니다.

"그런데 무슨 일로 여기까지 왔는가?"

"전하, 티린스의 왕이 보낸 편지를 가져왔습니다."

이오바테스 왕은 벨레로폰이 내민 편지를 받아 들었습니다.

'아니, 이럴 수가!'

편지를 읽은 왕은 깜짝 놀랐습니다.

편지에는 이렇게 씌어 있었습니다.

친애하는 리키아의 왕이시여!

이 편지를 가지고 간 자는 벨레로폰이라는 젊은이로
더 없이 용감하고 뛰어난 영웅입니다.
그러나 이 자는 당신의 딸이자 제 아내인
안테이아를 모욕하고 괴롭혔습니다.
부디 왕께서 이 자를 죽여 주십시오.

벨레로폰의 편지

벨레로폰은 자기도 모르는 사이에 자기를 죽이라는 편지를 전달하는 역할을 합니다. 그 편지를 뜯어 볼 수도 있었지만 프로이토스 왕을 진심으로 믿었던 벨레로폰은 편지를 고이 간직해서 전달했지요. 이보다 더 어처구니없는 일이 있을까요? 이 이야기에서 '벨레로폰의 편지'라는 말이 생겨났어요. '벨레로폰의 편지'는 자기에게 아주 불리한 편지를 배달하는 경우를 가리킨답니다.

이오바테스 왕은 어찌할 바를 몰랐습니다. *관습으로 볼 때 나그네는 신을 대하듯이 귀하게 대접해야 했기 때문입니다. 이미 벨레로폰을 나그네로 대접한 터라 바로 해코지를 해서는 안 되었습니다. 그렇다고 해서 딸을 괴롭힌 자를 그냥 놔둘 수도 없고, 사위의 *청을 모르는 체할 수도 없었습니다.

'이를 어찌 해결하면 좋을까.'

이오바테스 왕은 깊은 고민에 빠졌습니다.

그러던 어느 날, 이오바테스 왕 앞에 병사가 나와 보고를 했습니다.

*관습 어떤 사회에서 오랫동안 지켜 내려와 그 사회 성원들이 널리 인정하는 질서나 풍습.
*청 어떤 일을 이루기 위하여 남에게 부탁을 함, 또는 그 부탁.

“전하, 괴물 키마이라가 나타나 또 바닷가 사람들을 괴롭힌다고 합니다.”

이오바테스 왕은 키마이라 이야기를 듣자, 무릎을 탁 쳤습니다.

‘옳거니! 그러면 되겠구나.’

그리스의 손님 대접

이오바테스 왕은 왜 곧바로 벨레로폰을 죽이지 않았을까요? 고대 그리스에서는 깊이 있는 대화를 나누기 이전에 만찬을 즐기는 관습이 있었어요. 음식을 먹으며 기운을 차리고 피로를 푼 다음에야 여러 가지 대화를 나누는 것이지요.

또 고대 그리스에서는 손님을 대접하는 것을 굉장히 중요하게 여겼어요. 초대하지 않은 손님이 오더라도 신이 온 것처럼 귀하게 대접했지요. 이오바테스 왕은 먼저 벨레로폰을 손님으로 받아들이고 대접한 다음에 편지를 읽게 되었어요. 그러니 손님을 쉽게 해칠 수 없었지요.

키마이라는 무시무시한 괴물로, 언제부터인지 리키아의 바닷가 지역에 나타나 사람들을 괴롭혔습니다. 사자 머리에 산양의 몸을 하고 있었으며, 엉덩이에는 뱀의 꼬리가 나 있었습니다.

키마이라가 입에서 내뿜는 뜨거운 불이 무엇이든 태워 버리는 통에 마을은 *쑥대밭이 되었습니다.

이오바테스 왕은 그동안 키마이라를 물리치려고 군사를 보냈지만, 소용이 없었습니다. 왕은 온 나라에 소문을 내어 키마이라를 무찌를 용사를 구했습니다.

용감한 젊은이들이 나서기는 했지만, 키마이라의 뜨거운 불길 앞에서는 어쩔 수 없었습니다. 나서기만 하면 죽어 나가니 이젠 아무도 나서지 않았습니다.

키마이라의 괴롭힘은 점점 더 심해졌고, 이오바테스 왕은 키마이라 때문에 *골머리를 앓고 있었습니다.

*쑥대밭 매우 어지럽거나 못 쓰게 된 모양을 비유적으로 이르는 말.
*골머리를 앓다 어떻게 해야 할지 몰라서 머리가 아플 정도로 생각에 몰두하다.

키마이라

〈벨레로폰에게 부상 당한 키마이라〉 작가 미상

청동으로 만든 키마이라의 모습이에요. 사납게 달려들 것처럼 몸을 숙였어요. 옆구리에는 큰 뿔이 난 산양의 머리가 돋아나 있어요. 또 꼬리에는 날카롭게 물어뜯을 것 같은 뱀의 머리가 보여요.

잠시 후, 이오바테스 왕은 벨레로폰을 불렀습니다.

"벨레로폰, 그대에게 부탁하고 싶은 것이 있네."

벨레로폰은 왕의 말에 귀를 기울였습니다.

"사실 우리 왕국은 오랫동안 키마이라라는 괴물 때문에 고통을 겪고 있네. 그 괴물 키마이라를 없앨 사람을 찾았지만 성공하지 못 했지. 프로이토스 왕이 키마이라를 물리칠 용사로 자네를 추천하는 편지를 썼다네. 자네라면 해낼 수 있을 걸세."

"키마이라를 물리치라고요?"

이오바테스 왕은 고개를 끄덕였습니다.

"꼭 부탁하네."

그러더니 왕은 옆에 선 딸의 얼굴을 흘낏 보고 말을 이었습니다.

"키마이라를 쓰러뜨리면 내 딸 필로노에와 결혼시켜 주겠네."

벨레로폰은 씩씩하게 대답했습니다.

"예, 반드시 키마이라를 물리치고 돌아오겠습니다."

벨레로폰이 나가자, 옆에 있던 필로노에 공주가 물었습니다.

“왜 저와 결혼시킨다는 약속을 하셨어요?”

이오바테스 왕은 자신 있게 대답했습니다.

“걱정하지 마라. 절대로 키마이라를 이기고 돌아올 리 없으니. 이제껏 키마이라를 물리친 사람은 아무도 없었어. 저 청년도 곧 죽게 될 것이다.”

이오바테스 왕은 벨레로폰이 키마이라와 싸우다 목숨을 잃을 거라고 생각했습니다. 그러면 프로이토스 왕의 부탁을 들어주는 셈이라 여겼습니다.

4
페가수스를 찾아서

"네가 페가수스를 가질 수 있도록 황금 고삐를 선물로 주겠다.
이 고삐로 페가수스를 붙잡아 원하는 바를 이루어라."

벨레로폰은 괴물 키마이라와 싸우러 갈 준비를 했습니다. 엄청나고 무시무시한 괴물이라는 소문을 들었으므로 칼과 방패, 활로 단단히 *무장을 했습니다. 하지만 괴물 키마이라가 어디에 사는지, 과연 자신이 이길 수 있을지 도무지 알 수 없었습니다.

벨레로폰은 신전을 찾아가 예언자 폴뤼이도스를 만났습니다.

"저는 지금 무시무시한 괴물 키마이라와 싸우러 가는 길입니다. 부디 저를 위해 해 주실 예언이 있으신지요?"

"키마이라와 싸우러 간다고?"

폴뤼이도스는 깊이 생각에 잠기며 벨레로폰에게 전할 예언이 떠오르길 기다렸습니다.

*무장 전투에 필요한 장비를 갖춤. 또는 그 장비.

잠시 후에 폴뤼이도스가 대답했습니다.

"괴물 키마이라를 물리치려면 하늘을 나는 말 페가수스가 있어야 하오."

"페가수스요? 천상의 말 페가수스 말입니까?"

벨레로폰은 페가수스와 함께라면 어떤 적을 만나든 이길 수 있을 것 같았지만 페가수스를 가지기란 쉽

지 않았습니다. 벨레로폰은 폴뤼이도스에게 되물었습니다.

"제가 무슨 수로 페가수스를 가질 수 있겠습니까?"

"페가수스는 아테나 여신의 황금 *고삐를 쓰면 따른다오."

벨레로폰이 다급하게 물었습니다.

"그 황금 고삐는 어떻게 얻을 수 있습니까?"

"아테나 여신에게 간절히 바라면 얻을 수 있소. 그러니 아테나 여신의 신전에서 밤을 지새워 보시오. 좋은 소식이 있을 것이오."

벨레로폰은 폴뤼이도스의 말을 마음 깊이 *새기고 다시 길을 떠났습니다.

*고삐 말이나 소를 몰거나 부리려고 재갈이나 코뚜레, 굴레에 잡아매는 줄.
*새기다 잊지 아니하도록 마음속에 깊이 기억하다.

벨레로폰은 어디에서 페가수스를 찾을 수 있을지 걱정되었습니다. 어린 시절부터 페가수스를 꼭 타 보고 싶었지만 결코 *호락호락한 말이 아니라는 것을 알고 있었기 때문입니다.

페가수스는 페르세우스가 메두사의 목을 쳤을 때, 그 피가 땅에 떨어져 스며든 자리에서 태어난 말이었습니다.

탄생 과정이 평범하지 않은 만큼 페가수스는 특별한 말이었습니다. 등에 달린 날개로 하늘을 날아다닐 뿐 아니라 힘도 엄청나게 셌습니다. 페가수스가 발길질을 하면 땅이 패여 샘이 고일 정도였습니다.

*호락호락하다 일이나 사람이 만만하여 다루기 쉽다.

"페가수스만 얻는다면 키마이라쯤은 문제없을 텐데."
벨레로폰은 페가수스를 찾겠다는 일념으로 길을 나섰습니다.

말의 샘 '히포크레네'

그리스의 헬리콘 산에 있는 '히포크레네' 샘은 '말의 샘'이라는 뜻이에요. 페가수스가 발길질을 하자, 그 발굽에 땅이 파이고 샘이 생겨났다고 해서 히포크레네라는 이름이 붙었지요. 히포크레네는 예술의 여신들인 무사이가 지내는 헬리콘 산꼭대기에 있다고 해요. 아테나 여신이 무사이에게 페가수스를 선물로 주었기 때문이지요.

벨레로폰은 어느 도시에 이르렀습니다. 곧 날이 어두워질 것 같았습니다.

"오늘 묵어 갈 곳을 정해야겠군."

고개를 들어 서쪽을 바라보니 아프로디테 신전이 보였습니다. 사랑의 여신 아프로디테 신전에 가면 *여사제들이 맛있는 음식을 내오고, 좋은 곳에서 푹 쉬게 도와줄 것입니다.

동쪽을 바라보니 이번엔 멀리 아테나 신전이 보였습니다. 그리로 가면 풍성한 음식과 여인들은 없겠지만 지혜를 구할 수 있을 것입니다.

"어느 쪽으로 가는 것이 좋을까?"

생각에 잠긴 벨레로폰은 예언자 폴뤼이도스의 말이 떠올랐습니다. 배가 고파 아프로디테 신전으로 가서 푹 쉬고 싶었지만, 꾹 참고 아테나 여신의 신전으로 발길을 돌렸습니다.

***여사제** 사제란 주교와 신부를 통틀어 이르는 말. 여기서는 신전에서 의식이나 전례를 맡아보던 사람을 뜻하고 여사제는 여자 사제를 이름.

아프로디테와 아테나

〈아프로디테의 몸단장〉 프랑수아 부셰

〈팔라스와 켄타우로스〉 산드로 보티첼리

화려한 보석에 둘러싸여 몸치장을 하는 아름다움의 여신 아프로디테와 큰 무기를 들고 어리석은 켄타우로스를 혼내는 지혜의 여신 아테나의 모습이에요.

벨레로폰은 아테나 신전으로 들어갔습니다. 그곳에는 편히 누워 쉴 곳도, 맛있는 음식도 없었습니다. 그래도 지혜를 얻을 수 있다면 괜찮았습니다.

벨레로폰은 신전에 나아가 아테나 여신에게 빌었습니다.

"여신이시여, 저는 벨레로폰이라고 합니다. 이곳에 온 저에게 부디 지혜를 나누어 주소서."

벨레로폰은 딱딱한 돌바닥에 누워 잠을 청했습니다. 몹시 지쳤던 터라 곧 잠에 빠져들었습니다.

꿈속에 아테나 여신이 나타났습니다.

"사랑의 신전에 가고 싶은 *유혹을 뿌리쳤구나. 이곳 지혜의 신전에 온 너의 선택이 *기특하도다."

벨레로폰은 아테나 여신에게 고개를 숙였습니다.

*__유혹__ 꾀어서 정신을 혼미하게 하거나 좋지 아니한 길로 이끎.
*__기특하다__ 말하는 것이나 행동하는 것이 신통하여 귀염성이 있다.

“그래, 내가 너에게 어떤 지혜와 용기를 나누어 주길 원하는지 말해 보아라.”

“아테나 여신님. 저는 이 나라에 키마이라를 물리치러 왔습니다. 그러나 인간의 몸으로 쉽사리 그 괴물을 해치울 힘이 없습니다. 부디 여신님의 지혜와 용기를 저에게 나누어 주십시오.”

아테나 여신은 벨레로폰의 이야기에 고개를 끄덕였습니다.

"괴물 키마이라를 없애고 싶다니, 그 자체로도 큰 용기로다. 그러나 너도 알다시피 키마이라를 없애려면 하늘을 나는 말 페가수스가 필요하다."

벨레로폰은 페가수스라는 이름이 나오자 가슴이 두근거렸습니다.

"네가 페가수스를 가질 수 있도록 황금 고삐를 선물로 주겠다. 이 고삐로 페가수스를 붙잡아 원하는 바를 이루어라. 그리고 페이레네 샘에 가면 페가수스가 있을 것이다. 단 너는 물러서지 말고 나를 믿고 따라야 한다."

아테나 여신의 말이 끝나자, 벨레로폰의 눈앞이 흐려졌습니다.

그때였습니다. 어디선가 거대한 바위가 벨레로폰을 향해 굴러왔습니다. 조금만 우물쭈물했다가는 꼼짝없이 바위에 깔리게 생겼습니다.

그때 벨레로폰의 귓가에 아테나 여신의 이야기가 맴돌았습니다.

"너 또한 물러서지 말고 나를 믿고 따라야 한다."

"그래, 이 또한 페가수스를 손에 넣기 위한 시련일 거야. 아테나 님을 믿고 따르자!"

벨레로폰은 바위를 마주 보고 서서는 칼을 빼 들었습니다. 벨레로폰을 납작하게 깔아뭉갤 기세로 굴러 오던 바위는 꽝! 하는

소리와 함께 칼을 맞았습니다. 순간 바위는 온데간데없이 사라졌습니다.

"아, 아테나 여신님!"

페가수스는 누구나 함부로 부릴 수 있는 말이 아니었습니다.

오로지 마음이 굳건하고 용기가 뛰어난 사람만이 페가수스를 다룰 수 있었습니다.

그래서 아테나 여신은 벨레로폰의 용기와 믿음을 시험했던 것입니다.

아테나의 시험을 통과한 벨레로폰은 페가수스를 얻기도 전에 자신감이 마구 샘솟았습니다.

"이제 페가수스만 탄다면 어떤 괴물이든 무찌를 수 있어!"

벨레로폰은 눈을 반짝이며 페가수스를 찾아 페이레네 샘으로 향했습니다.

"페가수스, 기다려라! 나 벨레로폰이 간다!"

신화 OLYMPUS GUARDIAN 뒷이야기

벨레로폰은 뛰어난 영웅입니다. 그 용맹함과 젊음에 안테이아 왕비가 반합니다. 영웅이 가진 씩씩함과 용기를 사랑한 것이지요. 하지만 프로이토스 왕과의 의리를 지키기 위해 왕비의 사랑을 거절한 벨레로폰은 위기에 처합니다. 결국 벨레로폰은 자신의 뜻을 이루지 못한 왕비의 계략에 빠져, 자기를 죽이라는 편지를 이오바테스 왕에게 전하게 됩니다. 그리고 죽음의 편지 때문에 키마이라와 싸우게 되지요.

사실 영웅이 괴물과 맞닥뜨리는 것은 영웅 이야기에서 빠질 수 없는 요소입니다. 영웅 페르세우스는 메두사의 목을 베었고, 테세우스는 미노타우로스를 물리쳤으며, 헤라클레스는 히드라를 이깁니다. 이처럼 모든 영웅은 괴물과 싸워 이겨야만 했습니다. 험난한 모험을 거쳐 가장 큰 어려움의 상징인 괴물과 싸워 물리쳐야만 영웅이 되는 것입니다. 그제야 비로소 평범한 사람에서 위대한 영웅으로 대접 받는 것이지요. 물론 영웅 이야기에는 아테나 여신 같은 *조력자가 등장합니다. 아테나의 도움으로 페가수스를 손에 넣은 벨레로폰은 키마이라와 당당히 맞서 싸우게 됩니다.

그런데 영웅이 반드시 통과해야 할 *관문인 괴물은 단순한 괴물이 아닙니다. 키마이라는 사자 머리에 양의 몸에 뱀의 꼬리를 한 괴물이었고, 메두사는 멧돼지의 이빨에 머리카락이 뱀으로 되어 있는 여자였습니다. 이처럼 괴물이 여러 동물의 특징을 한데 섞은 모습으로 나타나는 것은 괴물이 평범한 존재가 아니라는 것을 뜻합니다. 비정상적이고, 자연스럽지 못하고, 조화롭지 못한 것들을 괴물로 드러내는 것입니다. 영웅이 이러한 괴물과 싸워 이기는 것은 이상하고 부자연스러운 것들을 없애고 자연스러우며 조화로운 인간 문명을 지켜 내는 것을 상징합니다.

*조력자 도와주는 사람.
*관문 어떤 일을 하기 위하여 반드시 거쳐야 하는 대목.

올림포스 신들의 계보

크로노스 + 레아
하데스
지하 세계의 왕
포세이돈
바다의 신
제우스
신들의 왕
헤라
신들의 여왕,
제우스의 아내
헤스티아
난로 · 불의 여신
데메테르
대지의 여신
아테나
지혜 · 전쟁의 여신
제우스 + 메티스
아폴론
의술 · 음악의 신
제우스 + 레토
아르테미스
사냥 · 순결의 여신
아스클레피오스
의술의 신
아레스
전쟁의 신
제우스 + 헤라
헤파이스토스
대장간의 신
제우스 + 디오네
아프로디테
헤파이스토스의 아내,
미의 여신
에로스
사랑의 신
헤르메스
신들의 전령,
상업의 신
제우스 + 마이아
디오니소스
술의 신
제우스 + 세멜레
페르세포네
하데스의 아내
지하 세계의 여왕
제우스 + 데메테르

⚜ 그리스 로마 신화 주요 인물의 이름 ⚜

그리스 어	로마 어	영어
가이아	텔루스	
니케	빅토리아	나이키, 빅토리
데메테르	케레스	세레스
디오니소스	바쿠스	바커스
레아	키벨레	시벨레
아레스	마르스	마스
아르테미스	디아나	다이애나
아테나	아테네, 미네르바	
아폴론	아폴로	아폴로
아프로디테	베누스	비너스
에로스	쿠피드, 아모르	큐피드
오디세우스	울릭세스	율리시스
우라노스	카일루스	유러너스
제우스	유피테르	주피터
크로노스	사투르누스	새턴
페르세포네	프로세르피나	
포세이돈	넵투누스	넵튠
하데스	플루톤	플루토
헤라	유노	주노
헤라클레스	헤르쿨레스	허큘리스
헤르메스	메르쿠리우스	머큐리
헤스티아	베스타	
헤파이스토스	불카누스	벌컨

그리스 로마 신화 올림포스 가디언 17

죽음의 편지를 들고 간 벨레로폰

펴낸이 양원석
펴낸곳 ㈜알에이치코리아
등록 2004년 1월 15일 제2-3726호
주소 서울특별시 금천구 가산디지털2로 53, 20층 (한라시그마밸리)
문의전화 02)6443-8800

ISBN 978-89-255-4431-1(74800)
ISBN 978-89-255-4354-3(세트)

값 **12,800원**

원작 만화로 보는 그리스 로마 신화(가나출판사)
이광진 엮음, 홍은영 그림
명화 구입처 유로크레온(주)